COUP-D'ŒIL
D'UN PARISIEN
SUR ORLÉANS
ET SES HABITANTS

CHANT

PAR M. G.-A. FLEURY,

EX-SECRÉTAIRE DE LA SOUS-PRÉFECTURE D'ÉTAMPES.

2e édition, revue et corrigée.

IMPRIMERIE DE POLLET ET Ce,
Rue Saint-Denis, 380.
1840.

COUP-D'ŒIL
D'UN PARISIEN
SUR ORLÉANS
ET SES HABITANTS,
CHANT

En Deux Parties.

PAR M. G.-A. FLEURY,
EX-SECRÉTAIRE DE LA SOUS-PRÉFECTURE D'ÉTAMPES.

2ᵉ *édition, revue et corrigée.*

PRIX : 50 CENTIMES.

A Étampes, chez l'Auteur, rue Saint-Jacques, 115.
Toute demande par la poste doit être affranchie.

NOTA. En offrant cet ouvrage à un prix aussi modéré, l'Auteur, atteint de cécité, désire qu'il soit généralement lu, afin que chacun puisse agréablement participer à l'œuvre philantropique qu'il a lieu d'attendre de ses lecteurs.

ÉPITRE DÉDICATOIRE

A S. A. R. le Duc d'Orléans,

Prince Royal de France.

Grand Prince, que j'admire autant par la naissance,
Que comme étant l'espoir de notre belle France,
Souffre que je soumette à ta sagacité
L'œuvre que dans mon cœur le malheur a dicté.
Dévoué dès l'enfance à ta noble famille,
Je tente que son nom plus que tout autre brille ;
Et, pour y parvenir je veux dans Orléans
N'avoir à rencontrer qu'objets intéressans,
Afin que, protégé par l'héritier du trône,
Près de la Loire il soit mieux que Lyon au Rhône,
Justifiant par-là l'honorable renom
Que lui donnèrent Jeanne et ton illustre nom.
Mais, afin d'activer cet important ouvrage,
Il faut que ton Altesse accorde son suffrage :
J'ose le demander, pour que le monument
Tel que je le propose ait son achèvement,
Car la souscription en serait bientôt prête
Si le Prince royal s'y plaçait à la tête ;
Lors, quand disparaîtrait chez le contemporain
Ce titre révoltant de monument mesquin,
Ajoutant une page à celles de l'histoire,
Il serait pour la ville un trophée à sa gloire.

Ainsi, bien que mon chant pourrait être cité
Comme œuvre d'un poète en pure cécité,
Je viens pour t'en offrir une humble dédicace
Qui deviendra pour lui la plus noble préface ;
Puis, ayant célébré le nom de tes aïeux,
Je serai satisfait, ne pouvant faire mieux.

COUP-D'ŒIL D'UN PARISIEN

SUR ORLÉANS ET SES HABITANTS,

CHANT.

> Va, tu n'es plus mon fils, va, cruel citoyen,
> Mon cœur désespéré prend l'exemple du tien,
> Ce cœur, à qui tu fais cette effroyable injure,
> Saura bien comme toi vaincre enfin la nature.
>
> (VOLTAIRE, Mort de César, acte 2, scène v.)

PREMIÈRE PARTIE.

Où suis-je donc, grands Dieux ! et quels fâcheux destins
En des jours désastreux changent mes jours sereins ?
Victime de mon zèle, alors que des cohortes
De la France envahie ayant franchi les portes
Brûlaient de nous traiter comme pays conquis,
Lorsque la trahison avait vendu Paris.
L'administration voulant avec sagesse
Comprimer le désordre en ces jours de tristesse,
Son travail en devint tellement compliqué
Qu'en peu de temps je fus atteint de cécité.
Lors, craignant de ma vue une perte complète,
Je quittai les bureaux, sans tribut de retraite,
Pour me rendre à Paris, mon asile natal,
Où m'était destiné le trait le plus fatal ;
Car, en moins de deux ans, en épuisant ma bourse,
Un commerce onéreux m'ôta toute ressource.

Dans ce funeste assaut je me vis tout confus ;
Mais je cherchai bientôt à prendre le dessus,
Et, jugeant que ma femme, extrêmement sensible,
Ne pourrait supporter un coup aussi terrible,
Je partis avec elle, emmenant son enfant,
Espérant voir ici finir notre tourment.
Mais, hélas ! j'entrevois, sans en avoir nul doute,
Que pour parer au coup je tiens la fausse route :
Ainsi je m'exprimais, voilà bien vingt-deux ans,
Lorsque depuis trois mois j'habitais Orléans.

 Je ne tenterai pas, pour embellir mon style,
De reproduire ici ce que sur cette ville
On a dit tant de fois ; mais je rechercherai
Tout ce qui prête à dire et paraît avéré.
Parmi des changements plus ou moins profitables
Que je vis opérer, il en est d'agréables
Dont on jouit fort peu : je veux parler des quais
Qui, s'étant élargis, sont sans cesse encombrés
De pierres ou de bois qui tiennent la chaussée,
Ainsi qu'entre deux murs, longuement encaissée
Quand la voiture en charge auprès d'une maison
Pousse sur le pavé le malheureux piéton
Qui, cherchant à passer, s'enfonce dans la boue
Ou craint d'être froissé par l'abord d'une roue ;
Mais, s'il veut éviter ce fâcheux contre-temps,
Il éprouve bientôt d'autres désagréments.

 Rentrant par la poterne ou sa rue adjacente
La pierre du terrain et son eau croupissante,
En vous brisant les pieds qui font mouver cette eau,
De vapeur méphitique affectent le cerveau ;

Et de ces bas quartiers, où les lois de l'Empire
Furent de nul effet, laissent tout à redire.
Ici des mégissiers, plus loin des raffineurs
Qui sont envoisinés par de nombreux tanneurs,
Font que, par leur travail et l'odeur qu'il exhale,
Ce canton est malsain et reste toujours sale.
Aussi le *choléra*, cherchant à moissonner,
Dit, en y pénétrant : Quel beau champ pour glaner !
  Si l'on fuit ce quartier fait pour tourner la bile,
On monte dans un autre où le cœur moins débile
Y permet d'observer et le mal et le bien :
Un bâtiment nouveau, Temple luthérien,
Appelle les regards, non pour son importance,
Mais parce que l'on sait combien l'Intolérance
Voulut se récrier sur sa construction
Qu'elle tient pour offense à sa religion.
Tout homme impartial trouve ce fait étrange,
Puisque, depuis long-temps, comme dans une grange,
Les sectaires du culte, étant fort à l'étroit,
Cherchaient la liberté que réclamait leur droit.
Durant cette revue, et tandis qu'on s'apprête
A la pousser plus loin, une faible clochette
Paraît vous avertir qu'au prochain restaurant
La table d'hôte est prête, ou bien qu'en un couvent
Qui n'est pas éloigné, cet aigre timbre invite
Quiconque veut prier à venir au plus vite.
L'observateur alors, gastronome ou chrétien,
S'empresse de se rendre aux lieux d'où le son vient ;
Mais sa surprise est grande et même sans égale,
En trouvant que le son part d'une cathédrale.

L'occasion est bonne, et c'est le vrai moment
De dire quelques mots sur ce beau monument.
N'étant qu'un amateur, il faut à l'architecte
Laisser sur Sainte-Croix juger ce qu'on objecte,
En s'estimant heureux d'admirer son portail
Dont tous les ornements sont d'un riche travail
Où le hardi ciseau d'un sculpteur plein de zèle
Fait croire que la pierre est changée en dentelle !
Mais, si l'on aime à voir cette légèreté,
On ne peut que douter de la solidité,
Quand l'une des deux tours, prête à faire culbute,
Pour l'hospice voisin fait redouter sa chute,
Car, si le monument venait à faire *pouf*,
Des moribonds au lit périraient sans dire *ouf!*
Et c'est aussi pourquoi, dans ces tours élégantes,
On craindrait de placer des cloches trop pesantes.

Non loin de ce lieu saint, où l'œil se voit charmé,
Un nouvel édifice, en des murs enfermé,
Isolément placé dans le centre du vide,
Par ses piliers massifs promet être solide :
C'est une Halle aux Grains qui, par opinion
D'un Maire très subtil en indication,
Et qui la fit bâtir, vit, lors de sa naissance,
Placer sur son fronton le nom d'un roi de France
Qu'un décret du Saint-Siége a mis en Paradis,
Et qui, par conséquent, n'est bien que saint Louis.
Ce Maire aimait les Saints, nous en vîmes la preuve
Dès que nous eûmes pied dans cette halle neuve.

Pour les inventions il n'est qu'un Orléans :
On en pourrait citer bien des traits pour garants;

Et celui qui m'occupe est d'espèce si rare
Que si tout autre approche on doit lui crier *Gare!*
Un nouvel hectolitre en forme de fourneau,
Paraissant plutôt propre à cuire du gâteau,
Avait été bâti de distance en distance
Pour mesurer les grains avec pleine assurance;
Et, si cet appareil causait l'hilarité,
Bien plus forte elle était lorsque l'œil arrêté
Sur chacun des boisseaux de nouvelle fabrique,
On y lisait le nom d'un saint de la rubrique.
Mais cette nouveauté faisait sur l'acheteur
Toute autre impression qu'à l'égard du vendeur.
Le premier, féminin, venant droit à saint Pierre,
Dès que la porte ouvrait, marmottait sa prière
Pour que le bon patron, qui lui bâillait le grain,
Le rendît productif en son four ou terrain;
Le second, n'ayant pas la même confiance
En l'appui du patron, observait en silence
Son grain se débiter, et se disait tout bas :
Si cela continue je n'y reviendrai pas;
Puis, allant vers saint Paul, ensuite à saint Paterne,
Toujours la même chance et même peine interne;
Le pauvre laboureur en vain eût fait le tour,
Tant est parfait l'accord du céleste séjour!

Néanmoins l'Acheteur avait tout l'avantage,
Tandis que le Vendeur, n'y trouvant que dommage,
Prit le sage parti de quitter le marché
Pour donner à son grain un autre débouché.
Alors s'apercevant que la halle déserte
Causerait à la Ville une sensible perte,

1.

Fallut se décider à faire démolir
Le bizarre appareil qu'on avait fait bâtir.
Et sur qui retomba cette folle dépense ?
Est-ce sur l'inventeur ? Je doute qu'on le pense.

Venu dans ce marché, sortant de Sainte-Croix
Qui devait présenter un cercle moins étroit,
On ne présumait pas qu'une aussi simple halle
Donnerait à parler plus qu'une cathédrale ;
Et l'on se voit encor dans la nécessité
De ne pas taire un fait qui doit être cité.
Lorsqu'aux jours de la vente on vient ici descendre,
On ne réfléchit pas qu'on foule aux pieds la cendre
D'innombrables défunts dont, comme en un chaos,
Au moment de la fouille on profana les os
Qui, paraissant ensemble en émeute parfaite,
Nous présentaient ces jours prédits par le Prophète,
Où, le cas arrivant, l'Abomination
Plongerait l'Univers en désolation.
On ne pouvait fixer de ces os la tourmente
Sans que le cœur navré fût saisi d'épouvante.
Cependant le Barreau, ne pouvant l'oublier,
Obtint qu'on exhumât les restes de *Pothier*
Qui, bien qu'au monument, conserve une éloquence
Lui méritant encore entière déférence !

Pour moi, ne sachant pas qu'aucun de mes aïeux
Pût, en s'y rencontrant, venir mouiller mes yeux,
Parfois je m'y rendais lorsqu'un épais nuage
Semblait me présager un faible instant d'orage ;
M'y trouvant à l'abri du vent comme de l'eau,
Je me plaisais à voir plus d'un hardi moineau

Suivre de près mes pas pour saisir sa becquée
Parmi des grains épars dont il faisait gorgée ;
Mais quand venait le soir où ces moineaux nombreux
Arrivaient pour nicher, se disputant entr'eux,
Je riais à mon aise au milieu du tapage
Que ce peuple emplumé faisait dans son ramage ;
Et l'un d'eux m'en punit, me fientant dans l'œil,
En me faisant pleurer ainsi qu'un jour de deuil.
Je n'affirmerais pas que ce fut par malice,
Quoiqu'ayant, maintes fois, reconnu par indice
Que les moineaux du lieu sont très impertinens,
J'en eusse été surpris ailleurs qu'à Orléans.
Mais là... Ha, ha ! ma Muse, arrêtez, je vous prie :
Bien que je me complaise à suivre votre envie,
Poursuivons sur la ville, et quand il sera temps
Nous saurons amener le tour des habitans.

 Parmi les bâtiments de la place voisine,
Un seul fait arrêter, et quand on l'examine
On reste fort surpris d'entendre lui donner
Le nom d'Hôtel-de-Ville, ayant, à bien parler,
Tout l'abord apparent d'une maison garnie,
Plutôt que d'un hôtel où siége une Mairie.
Un Café, d'un côté, semble avoir été mis
Pour le pur agrément des hôtes du logis ;
De l'autre, un Corps-de-Garde, en complète vacance,
N'y saurait être pris pour poste de défense ;
Enfin ce bâtiment n'a le goût ni le ton
Pour, raisonnablement, faire accepter son nom.
En face est le Théâtre ayant à l'apparence
Le fâcheux pronostic de son peu d'importance ;

Tout près un Hôtel-Dieu fort bon à démolir,
Si l'on veut noblement cette place élargir.
Mais si l'on se retourne, on trouve un édifice
Etabli pour faire angle à la rue en caprice
Qui s'ouvre en ce moment, afin que Sainte-Croix
N'échappe aux voyageurs arrivant au Martroy,
Et qui conséquemment doit naître en la Royale,
Pour venir aboutir devant la Cathédrale.
Ce projet serait beau si la maison du coin
Érigée avec goût, on peut dire avec soin,
Prenant pour vis-à-vis exacte parallèle,
Devenait pour la rue, un unique modèle
Qui strictement suivi par chaque constructeur
Ferait, pour cette fois, honneur à l'inventeur :
Mais, par fatalité, le notaire honoraire,
Qui d'avance a construit, n'est pas propriétaire
De toute l'étendue ; autrement on verrait
Rajeunir ce quartier comme il le désirait.
C'est encore un coup faux, car son remue-ménage,
Qui vit tant d'opposants, n'aura que l'avantage
D'avoir rendu salubre un quartier mal bâti
Et qui se redressant voulait être embelli.
 Me trouvant par hasard un jour dans ces décombres,
Des nuages obscurs m'environnèrent d'ombres,
Auxquelles vint s'adjoindre un vent impétueux
Soulevant la poussière en tourbillons nombreux ;
Tout semblait annoncer un violent orage,
Et le parti de fuir paraissait le plus sage :
Gravissant, descendant, sautant de trous en trou,
Je craignis mille fois de me rompre le cou ;

Mais n'étant du logis qu'à très peu de distance,
Je voulais à tout risque aller en diligence,
Quand arriva la pluie, emplissant les ruisseaux
Qui venaient du Martroy pour dégorger leurs eaux
Dans l'unique courant les menant à la Loire,
Et qui, s'en grossissant, ainsi qu'on peut le croire,
Vint me barrer passage, étant en un moment
Transformé sous mes yeux en un fougueux torrent,
Roulant avec fracas tout ce qui s'y rencontre,
Même arrachant des mains les objets qu'on lui montre.
Faut avoir habité ce quartier de malheur
Pour se peindre l'effroi de ces moments d'horreur,
Où parfois l'habitant ayant un étalage
Est pris au dépourvu, quand tout fuit à la nage.
Un jour un pauvre chien voulant y traverser,
Vit en s'y présentant le courant l'emporter;
Et depuis quarante ans que nos lois toutes humaines
Fournissent les moyens d'éviter tant de peines,
On demande pourquoi l'administration
N'apporte à ce désastre aucune attention,
Tandis qu'elle pourrait, la loi mise en pratique,
S'agissant bien ici d'utilité publique,
Aisément établir un conduit souterrain,
Qui viendrait détourner le mal dont on se plaint.
Chacun acquitterait, sans nulle répugnance,
Les additionnels causés par la dépense;
Pouvant les regarder comme un plus juste impôt
Que celui supporté pour un vaste entrepôt,
Dont plus d'un magasin restera long-temps vide,
Quand pour y déposer personne n'est avide.

Pensant au bien public, je néglige le mien;
J'ai toujours fait ainsi, c'est pourquoi je n'ai rien !
Mais revenons au jour de ce fameux orage,
Où le ruisseau brutal me coupa le passage.
Je m'imaginais être aux bords de l'Achéron
Où ne se trouvait pas le nautonnier Caron,
Qui, le temps l'engageant à boire une chopine,
M'évita cette fois d'aller chez Proserpine;
Car on verra plus tard que j'habitais l'Enfer
Où je me vis duper par un vrai Lucifer :
Enfin étant mouillé, malgré mon parapluie,
Tout autant qu'une soupe ou légère bouillie,
Ne voyant cabaret, ni café pour entrer,
Il me fallut chercher un lieu pour m'abriter,
Quand, détournant le coin, il me vint à l'idée
Que nous étions au jour où l'on entre au Musée;
Et, bien que cet endroit n'eut rien de merveilleux,
D'y pouvoir aborder je me voyais heureux.
En effet, j'y pénètre en bonne compagnie,
S'y trouvant comme moi, non pas par fantaisie,
Mais pour laisser au ciel le temps de s'éclaircir,
Et qu'ainsi chacun pût se hâter d'en sortir.
  On trouve en ce Musée une première salle
Où le peintre en portraits communément étale
Ceux qu'il veut présenter à l'examen public,
Pensant que ce moyen doublera son trafic.
Ce jour, s'en trouvait deux méritant dès l'approche
L'un l'approbation et l'autre le reproche:
Le premier fort heureux et d'un beau coloris,
Avait un naturel dont l'œil était épris.

Il était entouré d'une riche bordure,
Aussi fine en dessin que belle en sa dorure,
Enfin la toile était du peintre Duvergier,
Et ce qui l'entourait de son voisin Hourlier.
Ces artistes près d'eux, ne cessant de s'entendre,
Trouveront l'amateur toujours prêt à se rendre.
Le second était loin d'être pris pour pendant
Et ne valait pas mieux que son encadrement.
L'un disait : c'est un tel, ancien garde champêtre,
Quand un autre affirmait ne pas le reconnaître ;
Pour moi, m'apparaissant d'un barbouilleur l'essai,
Je lui trouvais le nom de monsieur très mal fait.

 Qui se rend en ce lieu, croyant trouver merveille,
N'a pas besoin, je crois, d'avoir puce à l'oreille.
J'ai dit, et le répète, qu'on y vient assez tôt
Pour voir du médiocre et rarement du beau.
On chercherait en vain au long de ses murailles
Un point de vue égal à ces riches batailles
Que l'on doit à David, dont les charmants pinceaux
Font briller à Paris l'honneur de nos héros.
Des tableaux étalés comme une friperie,
Sortis de vieux châteaux ou d'une vénerie,
Exposent sous les yeux des chasses ou sujets
Qui seraient repoussés des moindres cabinets.
Pourtant l'un s'y rencontre où l'on voit le Saint-Père
Ayant tiare en tête et placé dans sa chaire,
Paraissant haranguer de nombreux cardinaux
Qui, bien qu'à ses côtés, n'ôtent pas leurs chapeaux,
Ce qui, probablement, leur vaut une semonce
A laquelle aucun n'ose opposer sa réponse ;

Cependant une fois, j'y crus dans un prélat,
Envers le grand Pontife, entrevoir un ingrat,
Car son œil convulsif, symbole de colère,
Montrait ouvertement qu'il manquait au Saint-Père.
Le trait m'apparaissant par trop audacieux,
Je pensais ne devoir m'en fier à mes yeux,
Quand, approchant plus près, je reconnus en somme
Que le bon cardinal, qui me parut brave homme,
Ne pouvait pour son chef avoir manqué d'égards,
Mais qu'en le restaurant un œil mis de trois quarts
Sur sa tête en profil causait seul ma méprise.
J'engage mon lecteur à croire à ma franchise,
Car le fait que je cite est pure vérité
Et s'est, dit-on, depuis justement réparé.

   En quittant cette salle et deux pièces près d'elle,
On monte visiter l'Histoire naturelle,
Ou plutôt, pour mieux dire, un très court abrégé
Du règne démontré par Buffon et Linné,
Ne trouvant devant soi qu'un aperçu très mince
Des animaux connus pour vivre en la province,
Occupant un local de vingt pieds de largeur
Qui n'en comporte au plus que soixante en longueur.
Des oiseaux fort communs mis derrière un vitrage,
Qu'on voit journellement sautiller dans leur cage,
Pigeons, dindons, canards, même plus d'un lapin,
Qui devaient s'engraisser pour fêter saint Martin,
Enfin nombreux gibier convenable à la broche
Ne voyant près de lui pas même un coq de roche.
Mais on voulut Musée, en ce bel Orléans,
Et tel qui veut s'instruire y vient perdre son temps.

Des chats, loups ou renards, chiens de diverses races,
De nos grands carnassiers ont envahi les places.
Néanmoins un lion, si l'on veut lionceau,
Parvint à s'y fourrer comme un triste cadeau :
Ce jeune quadrupède, étant mort en sa mue,
Devient à son aspect, répugnant à la vue,
Et qui connaît l'espèce, en le regardant bien,
Pourrait douter du genre auquel il appartient,
Quand l'animal, jugeant qu'on lui fait la grimace,
Par sa risible queue annonce sa menace.
Les insectes choisis, comme le papillon,
Pour venir compléter cette collection,
Ne sont autres que ceux trouvés en la campagne
Et qui n'ont jamais vu les frontières d'Espagne.
Les reptiles enfin dont je ne parle pas,
Comme on doit le penser, ne sont pas des boas;
Mais on ne peut sortir sans fixer la carcasse
D'un cheval disséqué tenant seule un espace
Où devrait figurer le règne minéral,
Bien plus intéressant que les os d'un cheval.
 Le temps devenu beau, chacun se mit en marche
Ainsi que Noé fit alors qu'il quitta l'Arche,
Pensant n'y revenir, à moins qu'un nouveau cas
D'inattendu déluge y ramenât ses pas.
Moi, voulant me sécher, délaissant les antiques,
Je sautai le ruisseau retiré des boutiques,
Pour venir au logis me ressuyer un peu,
Ne m'étant plus permis d'y regarder le feu.
Je crois voir le lecteur sourire au nom d'antique
Et vouloir me taxer d'empirer la critique;

Il doit s'en détromper : toujours vrai, jamais faux,
Je ne sais abuser des choses ni des mots.
Mais on ne doit penser qu'en ce lieu l'on découvre
Aucun objet semblable aux merveilles du Louvre,
Que la riche Italie, en nos brillants combats,
Présenta pour tribut du sang de nos soldats.
Qu'on se figure donc deux pièces très voisines
Obligeant de descendre ainsi qu'en des cuisines,
Où l'on voit maints objets en pleine vétusté
Peu faits pour exciter la curiosité,
Des plâtres écornés, produits de figuristes,
Sur lesquels on voit peu travailler de copistes,
Des pots de porcelaine ou terre du Japon
Bons à mettre fleurir des jacinthes l'ognon ;
De vieux bahuts sculptés au temps du moyen-âge
Que les vers ont moulus sans respect pour l'ouvrage ;
Enfin, débris d'armure, ayant sous Pharamond
Garanti le Gaulois de passer chez Pluton ;
Et l'on voit d'un coup-d'œil tout ce que l'Antiquaire
Se plut à présenter pour extraordinaire.
Mais, voulant des sujets dignes d'attention,
Vers le centre on plaça la Vénus, l'Apollon,
N'ayant été moulés sur ceux que le Grand Homme
Fit partir pour Paris, dès qu'il eut conquis Rome.
 Allons, Muse, ma mie, agissons de concert
Pour offrir au Lecteur la poire du dessert.
J'ai dû la conserver pour faire bonne bouche ;
Il faut la lui donner comme pierre de touche,
En accordant la lyre sur un ton bien moëlleux,
Ainsi que le demande un sujet grâcieux.

Venons donc au Martroy : si cette place est belle,
Nous serons enchantés d'y trouver la Pucelle.
Mais quel encombrement s'y fait apercevoir !
En cherchant Jeanne d'Arc on a peine à la voir :
Un coin que présentait la place biscornue
Fut celui préféré pour mettre sa statue
Qui, bien qu'ayant péri victime des Anglais,
La présente en prison chez les Orléanais.
La Place, en général, étant mal alignée,
A le plus grand besoin de se voir dégagée,
D'un pâté de maisons qu'on devrait démolir,
Supprimant un tournant qui nuit pour en sortir;
En en chassant surtout ces voitures publiques
Qui peuvent sur un quai venir chercher pratiques.

 Plaignons la pauvre Jeanne, ainsi qu'a dit Vosgien,
De n'avoir en ce lieu qu'un monument mesquin ;
Tandis que le Pays pour sa Libératrice,
Ne devant épargner le moindre sacrifice,
Au lieu de lui donner une garde d'honneur,
Ne place sous ses yeux que des objets d'horreur ;
L'obligeant même à voir tout repris de justice
Devant elle amené pour subir son supplice,
Lorsqu'une place ouverte à la porte Bannier
Peut éloigner la scène et son hideux panier.
Les bandits exposés souvent remplis d'audace
Sur un plancher montés vers l'étape auraient place,
Où plus d'exhaussement dans l'exposition,
Sur ces cœurs criminels aurait plus d'action ;
Et le Martroy prenant le nom de Place d'Armes,
Pour la jeune héroïne aurait alors des charmes.

Maintenant recherchons si pour le monument
Ne peut se présenter meilleur emplacement ;
Chacun a son idée, on jugera la mienne,
Dut-on l'envisager comme étant parisienne.
Si j'aime en mon pays à voir plus d'un Français,
Passant sur le Pont-Neuf sourire au Béarnais,
Pourquoi n'aurait-on pas ici le même zèle,
Rencontrant vers le pont notre aimable Pucelle,
Qui, se trouvant auprès du lieu de ses exploits,
Occuperait alors place d'un heureux choix.
Le monument dressé sur une plate-forme
Devrait prendre en ce cas cette plus noble forme ;
Jeanne d'Arc, acharnée envers un chef Anglais
Qui voudrait lui ravir son étendard Français,
Montrerait à la ville un rameau de la gloire
Que celle-ci prendrait publiant la Victoire.
Chacun s'extasierait sur ces bronzes parlants
Faits pour l'honneur de Jeanne et celui d'Orléans,
Et même on s'y plairait, si le jour de la fête
Un orateur adroit célébrait la conquête.

 Quand je parle de fête, on a droit d'exiger
Que j'aie attention de ne rien négliger
Pour mettre le lecteur à même de connaître
Le grand empressement qu'Orléans fait paraître
Pour fêter l'heureux jour où ses plus chers aïeux
Se virent délivrés d'un joug audacieux.
Sans doute on ne saurait, en telles circonstances,
Témoigner trop de joie et de réjouissances ;
Mais on n'est pas prodigue en ce charmant pays.
Sachant combien de sous on compte en un louis,

On sait les épargner pour en faire commerce
Quand cet agiotage entre habitants s'exerce.
Aussi n'y peut-on voir danses ni lampions
Qui seraient regardés pour des profusions;
Et tout consiste enfin, dans cet anniversaire,
En une promenade ou marche militaire,
Ayant entre ses rangs plus d'un corps amené
Pour pouvoir y gagner l'appétit du dîné.
Partant de la Mairie, ayant tambours en tête,
On passe près de Jeanne, étrangère à la fête,
Qui, telle que j'ai dit, n'a pas l'emplacement
Pour qu'on puisse lui faire un tendre compliment.
On va le prononcer devant un méchant buste
Au bout du pont placé pour l'entendre au plus juste,
Et vingt coups de canon, jetant la poudre au vent,
Détonnent pour finir tout ce grand mouvement.

    Avant mil huit cent trente, au lieu de promenade,
La fête paraissait un peu jérémiade.
Les corps constitués, après le déjeûné,
Venaient vers Sainte-Croix pour suivre son clergé
Qui, bien que devant être en nombre suffisant,
Dix autres s'adjoignait pour marcher en avant.
En sorte qu'on voyait, entre deux rangs de troupes,
Tous ces petits clergés se distinguant par groupes
Que deux chantres formaient en avant d'un pasteur,
Et suivant à pas lents quelques enfants de chœur,
Dont l'un portait la croix, pour compléter l'histoire,
En ajoutant encore un homme en robe noire,
Baleine sur le bras, en guise de roseau,
Qui, par son air piteux, semble un *ecce homo*.

Et voyant tant de croix on jugeait que pour elle
Sainte-Croix s'émouvait et non pour la Pucelle,
Bien qu'on y remarquait un jeune et faible enfant
En Dunois accoutré, pour son représentant.

    L'enfant nommé Puceau, que désignait la Ville
Pour figurer ici comme une chose utile,
Pouvait se comparer, toisé du haut en bas,
A celui qu'on promène assis sur le Bœuf-Gras,
Qui, bien qu'un peu plus grand, n'avait même avantage
Puisque durant deux jours on le tenait en cage.
L'énoncé de l'affiche, en termes sans apprêt,
Prononçait envers lui ce trop fatal arrêt.
Ainsi, quand Orléans fêtait sa délivrance,
La malheureuse Jeanne était en pénitence,
D'heure en heure entendant la cloche du beffroi
Ramener dans son âme un enfantin effroi.
Cependant cet enfant que ne quittait son père
Pouvait lui rappeler quelque douleur amère,
Lorsque son vêtement de jonquille couleur
Pour un œil paternel devenait peu flatteur.
Mais tout se dissipait, arrivé vers l'estrade
Dressée au bout du pont pour y faire parade :
Le père avec l'enfant montant avec ardeur
Y paraissait bientôt comme un opérateur,
Agitant un drapeau pour signe d'allégresse
Afin de recevoir saluts de politesse.
Lors, faute de canons, la boîte résonnait
Pendant qu'un *Te Deum* pour finir s'entonnait.

    Muse, ma trop aimable et toute complaisante,
Il est temps qu'à mon tour, aussi, je vous contente,

Alors que j'entrevois, cherchant à corriger,
Qu'en un ton moins flatteur la lyre doit changer,
Voulant que de mon chant personne ne se fâche,
Je reconnais combien difficile est ma tâche ;
Néanmoins désirant qu'Orléans soit heureux
Je ne puis différer de répondre à vos vœux.

DEUXIÈME PARTIE.

Chaque pays possède un propre caractère
Qui de ceux des voisins sensiblement diffère ;
N'importe quel qu'il soit ou son acception,
Celui qui vient y naître, en reçoit le surnom.
Ainsi, lorsque rusé s'accepte en la Gascogne,
On tient celui de franc convenable en Bourgogne,
En prononçant encor francs Picards, fins Normands,
Disant communément, aussi chiens d'Orléans.
Quand le chien courageux, très fidèle à ses maîtres,
Par son bon naturel dépasse tous les êtres,
Dans cette acception l'Orléanais pourrait,
Bien loin de s'en fâcher, s'en trouver satisfait ;
Mais par le nom de chien, qu'on donne à l'improviste,
On veut vulgairement signaler l'égoïste
Qui pour lui seul existe, et reste indifférent
Sur le sort du voisin ou d'un proche parent ;
Et, pour prouver comment le terme ici s'applique,
Sur des faits personnels il faut que je m'explique.
    Ne me restant plus rien des fruits de mon travail,
En mil huit cent dix-sept, vers la foire du Mail,
Je vins dans Orléans solliciter asile
Auprès d'une parente, habitant cette ville,
Dont je me souvenais pour avoir séjourné
Naguère en sa maison et m'avoir bien traité ;
Mais tout me faisait craindre, en n'étant plus en place,

De me voir éconduit par un *grand bien vous fasse!*
Pourtant nous admettant moi, ma femme et son fils,
On se crut obligé de nous prêter logis.

   Trois mois avaient passé pendant qu'un peu d'ouvrage
Subvenait avec peine aux dépens du ménage,
Quand d'Étampes la foire, au jour de Saint-Michel,
Pour un recouvrement vint me faire un appel.
Ma femme et son enfant désirant par avance
Le moyen de revoir le lieu de leur naissance,
Y vinrent avec moi pour passer plus d'un jour,
Et sans s'inquiéter du moment du retour;
Pour moi je le jugeais devoir être funeste,
Augmenter nos malheurs et présager le reste,
Et nous vîmes bientôt que la réception
Venait justifier mon appréhension.
Rien ne put attendrir cette femme farouche,
Même en lui demandant un lit pour notre couche,
Bien qu'elle en possédait trois ou quatre vacants,
Ménagés pour la femme amenant des galants,
Procurant à l'hôtesse ample et vile recette,
Car sa maison était en débauche suspecte,
Chose que j'ignorais quand j'y vins aborder,
Et que je rougissais d'avoir pu regarder.
On peut, sans se méprendre, abhorrer cette chienne
Qui fut de mon séjour la plus horrible antienne,
Agissant d'après un.... dont je tairai le nom,
Moins bon que le bon pain, tout aimant le bonbon.

   En commençant ce chant, j'ai voulu faire entendre
Ce que pour le moment mon lecteur peut comprendre.
J'y disais entrevoir que je m'étais mépris,

Pensant voir mon tourment finir en ce pays,
Et mon premier début, justifiant mes craintes,
Doit lui pronostiquer de bien plus justes plaintes.
Celle que j'implorais devint notre bourreau,
Car son cruel refus mit ma femme au tombeau.
Puisqu'après quatre mois, en son âge critique,
Je perdis pour jamais mon aimable Angélique,
Me laissant sur les bras un jeune enfant chéri
Qu'elle avait au décès de son premier mari.

Ne pouvant acquitter le droit de sépulture,
On vint chez cette nièce outrageant la nature,
Afin que de sa bourse elle en payât les frais :
Comme elle fut avant, telle on la vit après ;
Et cessant d'être chienne, elle apparut tigresse
Quand un chien que j'avais montra pour sa maîtresse
Un naturel si grand, qu'étant près du cercueil,
Ceux qui l'y regardaient avaient la larme à l'œil.
Alors fixant l'enfant, me rappelant sa mère
Et d'heureux souvenirs qui me la rendaient chère,
Je gémissais tout bas sur son malheureux sort,
Voulant ne le quitter qu'à l'instant de la mort ;
Car je ne pensais pas que ma sollicitude
Put jamais m'exposer à son ingratitude.
Mais n'anticipons pas sur des torts déchirants,
Bien faits pour m'engager à maudire Orléans.

Perdant ma chère épouse, il n'est besoin de dire
Que ma tête exaltée était en plein délire ;
J'allais gesticulant, souvent sans savoir où,
Et qui me regardait, me prenait pour un fou ;
La nuit comme le jour je répandais des larmes

En me représentant l'agrément de ses charmes.
L'ayant connue onze ans, je n'ai pas souvenir
Qu'elle eut voulu jamais en rien me démentir :
Douceur et prévenance, égale sympathie,
Annonçaient la bonté du cœur de mon amie.
Aussi pour la sauver, s'il eut fallu du sang,
J'eusse voulu verser le mien en premier rang ;
Et même dans ce chant, ma voix encore émue,
Me fait dire en mon cœur : pourquoi l'ai-je perdue !

 Mais lorsque la douleur fit place à la raison,
Et que plus assidu j'étais à la maison,
Si ma main rencontrait, me mettant à l'ouvrage,
Un ou plusieurs objets dépendant du ménage,
Qu'Angélique avait faits ou qu'elle avait touchés,
Ils se trouvaient bientôt couverts de mes baisers.
Cependant quand Adolphe arrivait de l'école,
Bien que n'ayant en main parfois pas une obole,
Il fallait qu'il trouvât, dans mon gain très borné,
Ce que je préparais pour le commun dîné.
J'y veillais avec soin, car ma plus grande peine,
Eût été de le voir sans nourriture saine.
Aussi l'on me disait, en nous examinant,
Que je me négligeais pour penser à l'enfant.

 Ainsi qu'un tourtereau, de tendresse modèle,
Alors qu'il ne voit plus sa chère tourterelle,
Vient adresser sa plainte aux échos d'alentour,
Afin de retrouver l'objet de son amour,
Tel on m'apercevait, sorti de ma cellule,
Marchant à la lueur du pâle crépuscule
Qui dirigeait mes pas vers le champ du repos

Où je m'agenouillais près ses tristes barreaux.
Là, je priais en vain ; c'était chose impossible,
Celle que j'appelais me restait invisible.
 Mais quand vint le printemps où le peintre et colleur
Voit renaître l'espoir de vivre en son labeur,
Cherchant à m'occuper autant qu'à me distraire,
Je me vis appelé par le propriétaire,
Que je sus contenter malgré mes mauvais yeux,
Pensant moins au profit qu'à faire tout au mieux.
Car durant dix-huit ans, suivant cette partie,
J'eus tout le mal possible à bien gagner ma vie ;
Trouvant l'occasion de juger l'habitant
Toujours intéressé, trop souvent arrogant.
Faisant, comme j'ai dit, des sous l'agiotage,
Quand il fallait toucher le prix de mon ouvrage,
Celui qui m'employait, me prenait à l'écart,
Disant, faute de sous, qu'il me verrait plus tard :
Ou bien, s'il me donnait une pièce en à-compte,
C'était en exigeant un impudent escompte :
Ainsi je revenais parfois en mon logis,
Embarrassé pour vivre autant que mon beau-fils.
 Ce commerce de sous, plus grand qu'on ne le pense,
Fait courir au pays bonne ou mauvaise chance,
Quand il a motivé des bons de parchemin
Qui peuvent arriver ou rester en chemin.
On a dit assez haut, pour que je le répète,
Qu'une femme un beau jour, sans tambour ni trompette,
Partit avec valeur de dix bons mille francs,
Pour de semblables bons en mains de ses clients ;
Et ces inventions, dont Orléans fourmille,

Pourront causer des pleurs à plus d'une famille.
Mais pour ne pas douter comment en ce pays
Le caractère est loin de vouloir des amis,
Je vais citer un fait, dont preuve encore existe,
Montrant que l'habitant n'est bien qu'un égoïste :
 Sur les bords de la Loire un adroit serrurier,
Qu'on disait en la ville habile en son métier,
Fit ériger maison, qu'il nommait sa campagne,
Pour y venir, parfois, rire avec sa compagne ;
Il était enchanté quand, la lunette en main,
Il disait à sa femme : Admire le lointain,
Vois ce charmant rideau que forme l'hémisphère,
Et là-bas Saint-Mesmin ; en vérité, ma chère,
Cela doit te paraître autant joli qu'à moi,
Et quand je viens ici, je jouis mieux qu'un roi.
En effet, le coup-d'œil dont l'âme était émue
Voulait que la maison prît nom de Belle-Vue ;
Elle avait au-devant un parterre de fleurs,
Venant parfumer l'air de suaves odeurs.
Mais de cet artisan la maison tant chérie
De son proche voisin vint éveiller l'envie.
Possesseur d'un terrain sans habitation,
Il sut bientôt en mettre une en construction ;
Car, tandis que marchait des terrassiers la pioche,
De ses matériaux on activait l'approche,
Et, sans s'inquiéter s'il masquerait ou non
Le voisin curieux placé sur son balcon,
La maison fut montée en avant de la sienne,
Voulant se contenter, n'importe quoiqu'advienne.
Par là, le constructeur, ancien juge de paix,

Donnant lieu de gémir, faisait rire à ses frais,
Lorsqu'on se rappelait ceux qui venaient se plaindre
Jadis à l'audience, et qui devaient bien craindre
De n'y pouvoir trouver conciliation,
Le juge étant lui-même en pleine agression.
Pendant que s'achevait du juge la bâtisse,
Que tenait l'artisan pour œuvre de malice,
Celui-ci grommelait contre l'ancien robin
Qui devait se juger passablement mutin,
Et, sachant qu'en ce cas la loi restait muette,
Il forgeait un projet de vengeance secrète.
Le juge, se fiant sur le droit établi
Que tout bon charbonnier reste maître chez lui,
Paraissait se moquer de ce qu'en pouvait dire
Le forgeron boudeur qui lui prêtait à rire
Alors qu'il se trouvait avec tous ses amis
Venant le visiter dans son petit logis :
Et bientôt prenant ton d'un grand propriétaire,
Il disait : Venez voir mon charmant belvédère,
Son attrayant coup-d'œil rend mon voisin jaloux
Qui s'en va tout grognant quand je suis avec vous.
Puis il les appelait devant son télescope,
Pour voir un marinier qui vidait son écope
Aux alentours d'Ingré, tandis que, plein d'ardeur,
En remontant la Loire, un bateau par vapeur
S'y faisait remarquer ainsi qu'une hirondelle
Alors qu'elle fend l'air, volant à tire-d'aile.
Mais le proverbe dit : rit bien qui rit dernier;
Aussi vit-on bientôt venir le serrurier,
D'avance prémuni d'un terrain à la suite,

Sur lequel, à son tour, il fit faire au plus vite
Un bâtiment modeste, ayant un haut pignon
Masquant totalement du juge la maison,
Se ménageant pour lui le charmant point de vue
Toujours intéressant pour qui n'a la berlue.
   Alors, sans s'effrayer, notre juge agresseur
Bien loin de se montrer pour conciliateur,
Ne pouvant supporter que la magistrature
Reçût un tel affront d'un faiseur de serrure,
Se rendit possesseur d'un très petit terrain
Pour masquer de nouveau l'audacieux voisin;
Y faisant à la hâte une mince bicoque
Pour qu'on ne put penser qu'en vain on le provoque,
Et, faute d'autre espace, en disposition,
On ne poussa plus loin la contestation.
Maintenant qu'on décide à qui vient en partage
La triste acception que traite mon ouvrage.
   Cependant mon Adolphe ayant atteint treize ans,
De lui donner métier je vis qu'il était temps;
Et, lorsque je traitais pour son apprentissage,
Je m'occupais aussi d'abjurer le veuvage,
État qui me semblait tout autant accablant
Que préjudiciable au sort du pauvre enfant :
Bien que je lui portais tous les soins d'un vrai père,
Ce n'était toujours pas ceux de sa tendre mère.
Pourtant j'appréhendais d'avoir à rencontrer
Femme qui me ferait encore regretter.
Enfin, après cinq ans de longue incertitude,
Je crus en trouver une ayant toute aptitude
De bonne ménagère, accomplissant mes vœux,

Pour, marchant de concert, nous rendre tous heureux.
Mais on ne se connaît qu'alors qu'on est ensemble ;
Un cœur devient plus tard tout autre qu'il nous semble.
Telle arriva ma chance : au lieu de l'amitié,
Je ne vis que dédain inspirant la pitié.
Cet enfant que j'aimais devint sa bête noire,
Et je l'aurais banni, si j'eusse pu la croire.
Mais pour couper au court laissons les morts en paix ;
J'eus tout lieu de connaître un cœur orléanais.

   Alors que j'éprouvais ce trouble en mon ménage
Adolphe vit finir son temps d'apprentissage,
Annonçant le désir de se rendre à Paris,
Pour perfectionner ce qu'il avait appris.
Loin de contrarier ce projet de voyage,
Que je pensais devoir lui porter avantage,
Il me vit le premier l'engager à partir.
Ma femme désirait ne l'en voir revenir,
Quand après dix-huit mois que dura cette absence,
Ayant gagné beaucoup en ton et connaissance,
Il revint tout-à-coup me surprendre un matin,
Apportant sous le bras son très léger butin,
Tel que le compagnon, venant du tour de France,
Qui n'a que son savoir pour lui prêter aisance.
Ma femme aurait voulu ne pas le recevoir,
Mais de le conserver je me faisais devoir ;
Et, bien que du ménage il causait la discorde,
Ce n'est pas à tel prix que j'aime qu'on s'accorde,
Hélas ! je combattais ; pour qui ? pour un ingrat
Autant dur envers moi que je fus délicat.

   Malgré tous ces débats qui me fendaient la tête,

D'admirer le beau-fils je trouvais toujours fête.
Paraissant devoir être un excellent doreur,
Sans trop l'avoir appris il devenait sculpteur ;
La matière, en ses mains, prenant aimable forme,
Ne présentait jamais aucun objet difforme ;
Sans esprit pétillant, sa conversation
Aussi bien que ses traits fixaient l'attention.
Aussi je me flattais qu'il aurait l'avantage
De pouvoir faire, un jour, un heureux mariage.
Mais, trompant mon attente, il n'en fut pas ainsi,
Se fourrant, malgré moi, chez un peuple endurci,
Habitant le quartier du prochain voisinage,
Où se trouvait fillette à peu près de son âge,
Des jeux tout enfantins allumèrent un jour
Un feu, toujours croissant, du plus ardent amour.
En vain je l'engageai à négliger la fille
Dont il avait fait choix parmi cette famille ;
Il voulut persister, disant qu'à vingt-six ans
L'on pouvait bien agir sans conseil de parents.
Bientôt le jour arrive, et, contre mon envie,
Je vins pour figurer à la cérémonie.
De retour au logis où devait désormais
Face à face habiter deux cœurs orléanais,
Un fâcheux incident, d'assez mauvais augure,
Survint pour me donner funeste conjecture :
Quoique étant du pays, un jeune chien charmant,
Qui n'avait pu nous suivre, était sans mouvement.
Ce petit animal, le cœur atteint de glace,
Peut-être avait gémi d'avoir à céder place
A celle qui venait déployer son orgueil,

2.

Pour faire reculer par son hardi coup-d'œil.
Hélas ! c'était trop vrai, car la guerre allumée
Vint pour empoisonner ma triste destinée.
Ces femmes, disputant comme chiens acharnés,
M'obligeaient à m'adjoindre à leurs vils démêlés.
En sorte qu'il fallut, ne pouvant plus s'entendre,
Aviser au parti qu'il convenait de prendre.
Bientôt fut décidé qu'en finissant le bail,
Chacun à son à-part conduirait son travail.
Plus tard on se quitta, non sans inquiétudes
Me faisant redouter dures vicissitudes.
 Sorti de cette guerre, où je fus attristé,
Tout en voulant garder stricte neutralité,
Tel qu'un guerrier vaincu, honteux de sa défaite,
Si je voulais parler, ma langue était muette,
Et, las de guerroyer, je désirais la paix,
Tout étant destiné à n'en jouir jamais.
Ma vue en s'affaissant m'éloigna du collage,
Pour me faire entreprendre un chétif cartonnage
M'offrant plutôt moyen de contestation
Que pour nous faire vivre en parfaite union ;
Car si l'argent manquait, avec la ménagère
Bientôt se rallumait une nouvelle guerre,
Et pourtant je dirai, si la femme eût voulu
Un peu moins babiller, nous aurions vécu.
Passant moitié du jour, quand j'étais à l'ouvrage,
A courir tout le quartier pour chercher commérage,
Sa langue, en nous privant des repas pris à temps,
Suivant elle devait marcher avant les dents.
Cette obstination, pour tous deux très funeste,

Altérant sa santé, lui devint une peste;
Et, pensant que ses jours, arrivant à leur fin,
Viendraient mettre le comble à mon fâcheux destin,
Je tentais, à regret, d'entrer dans un hospice,
Quand le beau-fils parut vouloir m'être propice.
    Le cœur le moins sensible, auprès de mon malheur,
Pouvait bien éprouver sentiment de douleur.
Ma femme, en apprenant l'offre qui m'était faite,
N'en eut, pour le beau-fils, que haine plus parfaite,
Disant que son projet, conçu pour la jouer,
Ne tendait à rien moins qu'à devoir la tuer,
Ajoutant qu'en six mois j'en obtiendrais nouvelle,
Et qu'alors je serais bien plus à plaindre qu'elle.
La pauvre malheureuse, en prononçant ces mots,
N'avait eu de sa vie un plus juste à-propos,
Car avant ses six mois, terminant sa carrière,
Elle finit les maux de son humeur altière;
Et, bien qu'en quatorze ans passés dans la rumeur,
N'ayant trouvé près d'elle un instant de douceur,
Je la plaignis encor d'avoir eu caractère
Difficile à plier pour m'en être plus chère,
Je crois ne devoir taire, en ce moment de deuil,
Un indécent propos prouvant, près du cercueil,
Que l'on trouve, en ce lieu, n'importe en quelle classe,
Plus d'une œuvre canine à qui l'on ne doit grâce.
    Un abus toléré depuis cinq à six ans,
Bien fait pour affliger un homme de bon sens,
Fait que l'entrepreneur du service funèbre,
Cherchant plutôt l'argent qu'à devenir célèbre,
Sitôt qu'un malheureux, venant à décéder,

Ne laisse aucun moyen pour se faire enterrer,
Vient pour mettre à profit son insigne manie
Qui fait porter le corps avec ignominie.
Lors, bien qu'en me trouvant en proie à la douleur,
Je n'avais devers moi nul objet de valeur,
J'en réunis assez pour, priant pour son âme,
Faire porter honneur aux restes de ma femme
Qui s'était récriée, apercevant jadis
Cet insultant brancard que l'on offre gratis,
Quand arriva bientôt un maladroit vicaire
Qui, venant près du corps remplir son ministère,
Ne craignit pas de dire avec un ton piqué,
Que, tandis que l'église accordait charité,
Il était surprenant que l'on pût se soustraire
Au transport du cercueil en la forme ordinaire.
Et si l'on fut surpris du ton peu modéré
Qu'annonçait en ce cas le prêtre intéressé
En se montrant, par là, tout en portant soutane,
Bien peu propre à servir l'église gallicane,
L'on dut l'être encor plus apprenant que son nom
Ressemblait à celui du généreux Dragon
Qui, rencontrant un pauvre en poursuivant sa course,
Sentant bien que son prêt n'était pas en sa bourse,
Partagea son manteau pour le pauvre en vêtir,
Qui se présentant nu, lui paraissait souffrir.
Cet acte, du guerrier célébrant la mémoire,
Le fit canoniser en un grand Consistoire :
Souhaitons au vicaire un sort aussi charmant
S'il annonce à son tour un si beau sentiment.
 Parlant enterrement d'un pauvre misérable

Voyons si pour le riche on est plus raisonnable.
L'avide entrepreneur, voulant par tous moyens,
La fortune obtenir pour lui comme les siens,
Appelle un être nul, à figure assez bête,
Que, tout ne portant rien, l'on nomme porte-tête,
Et qui près du cercueil, avec serviette en main,
Vient moins servir le mort que nuire à son prochain,
Quand, n'y voyant ses pieds, il fait jaillir la boue
Sur deux voisins porteurs, qui souvent font la moue;
Mais, si l'on veut payer, des enfants d'hôpital,
Portant chacun un cierge, entonnent bien ou mal
Un triste *libera*, tandis qu'on se dispose
A quitter le défunt que l'eau bénite arrose.
La tenture, en tel cas, ne s'épargne jamais :
Franges, larmes d'argent y brillent à grands frais;
Car, si ce blanc métal tient son ton ordinaire,
Tout l'or qu'il a produit comble le secrétaire.
Et vive mon Paris, où, n'ayant un liard
Un pauvre comme un riche est mis en corbillard!
 Je ne finirais pas si je voulais m'étendre
Sur ce que dans ce chant on peut encor comprendre;
Mais j'en ai dit assez pour donner à juger
Combien dans ce pays l'on trouve à corriger;
Et, bien que mon lecteur puisse avoir peine à croire
Le triste dénouement de ma pénible histoire,
Ne voulant près de lui paraître fastidieux,
Je vais brièvement lui démontrer au mieux
Comment le cher beau-fils, aidé de sa compagne,
Parvint à me duper par châteaux en Espagne.
Lorsqu'ayant dédaigné plaisirs, honneurs, argent,

Ne trouvant de bonheur qu'en la mère et l'enfant,
J'avais dû me flatter qu'un jour ces sacrifices
Me seraient remboursés par de pareils services.
Et pourtant je craignais, rentrant chez mon beau-fils,
De n'y venir trouver que chagrins et soucis,
Jugeant bien que sa femme accoutumée à feindre,
Toute douce d'abord, plus tard me ferait plaindre :
En vain, me disait-elle ainsi que son mari,
Qu'on voulait me traiter comme un père chéri,
Un noir pressentiment me disait le contraire
Et me pronostiquait à qui j'aurais à faire,
Quand les premiers six mois, tout marchant assez bien,
Tel qu'on l'avait promis je ne manquais de rien.
Sachant me conformer à son commun usage,
J'évitais en tous points de gêner le ménage ;
Mon beau-fils paraissant m'y voir avec plaisir,
Me faisait partager ses instants de loisir,
Et, me croyant heureux malgré la dépendance,
J'en rendais chaque jour grâce à la Providence ;
Mais ce bonheur fictif devait n'avoir qu'un temps,
La femme, me cherchant querelles d'Allemand,
Fit naître le dégoût dans mon cœur susceptible
Et fit de la maison un séjour trop pénible.
Ainsi, quand le beau-fils s'éloignait de chez lui,
J'allais de mon côté distraire mon ennui,
Visitant des amis, dès que la promenade
Dans mon désœuvrement me devenait maussade.
Lors je vis que ma femme, étant au lit de mort,
Ne s'était pas trompée en prédisant mon sort.
 Ainsi qu'un fruit bien sain mis dans une corbeille,

Perdant le coloris qu'il possédait la veille,
Parmi d'autres gâtés se trouvant confondu,
Ne tarde pas lui-même à se voir corrompu ;
Tel je vis le beau-fils, dès que sa destinée
Près de ce peuple brut lui fit trouver entrée,
Cesser d'être envers moi franc, docile et poli,
Pensant pouvoir compter sur mon faible pour lui,
Même se permettant de prendre un ton de maître
Devant bien m'avertir qu'un jour il serait traître :
Mais mon aveuglement le faisant excuser
J'espérais que le temps viendrait l'humaniser.
Voyons donc maintenant comment avec finesse
Il sut adroitement éluder sa promesse.

 Plus adroit que sa femme, afin de m'abuser,
Le beau-fils me plaignant voulut se déguiser,
Car, plus elle affectait pour moi d'impertinences,
Plus il me témoignait d'aimables complaisances.
Désirait-elle sortir pour aller promener,
Quand ne m'était permis de les accompagner,
Il savait amener une adroite défaite,
Dont fort souvent la femme était peu satisfaite ;
Alors pour me distraire une histoire il lisait,
Pour se rendre le soir où sa femme attendait.
Par ces attentions qui me paraissaient franches,
Je le plaignais vraiment, les fêtes et dimanches,
De vouloir se priver d'un plaisir d'ouvrier
Qui toute la semaine habite un atelier,
Et, lorsque je pensais, par ma bonne conduite,
Eviter au désordre une mauvaise suite,
Je crus m'apercevoir que les époux, d'accord,

Ne voulaient rien de plus que me mettre dehors.
 Aimant encore à voir dans la douce assistance
Que montrait le beau-fils pour calmer ma souffrance,
Le naturel effet d'un noble sentiment,
Je voulais fermer l'œil sur cet acharnement
Dont m'accablait la femme, ainsi qu'une furie
Qui des lieux infernaux aurait été vomie.
Quand elle s'aperçut par ma tranquillité
Que de prendre un parti je n'étais pas tenté,
En proie à son humeur autant qu'à son ton aigre,
Je devins maltraité ni plus ni moins qu'un nègre.
Au lieu de me porter les moindres petits soins,
On me fit éprouver les plus pressants besoins.
Le beau-fils tolérant cette conduite étrange,
Je me vis, dix-huit mois, habiter dans la fange.
Depuis dix ans j'avais une maison d'amis,
Dès que la femme y vint, à dos je me vis mis :
Enfin l'ingrat beau-fils, pour terminer le drame,
Finit par devenir aussi dur que sa femme,
Disant ne me devoir nulle obligation
Pour avoir dirigé son éducation ;
Mais comme tout bienfait attend sa récompense,
J'espère la trouver près de la Providence.
Ainsi quand je jeûnais, voulant faire le bien,
Ma santé j'altérais, nourrissant un vrai chien.
 On voit par ce récit, que j'affirme fidèle,
A quoi l'homme s'expose en acceptant tutelle.
Cependant l'orphelin qui reste sans appui
A besoin qu'un bon cœur prenne pitié de lui,
Mais il faudrait aussi qu'à son tour le pupille

Devint à son tuteur également utile,
Et non pas pour six mois ainsi que fit le mien ;
Après m'avoir promis un continuel soutien.
Puisse donc le pays abhorrer cet exemple,
Bien fait pour indigner alors qu'on le contemple !
Jugeant que si l'ingrat commit telle action,
Ce fut par résultat de sa triste union,
Lors on reconnaîtra combien est nécessaire
Qu'Orléans se compose un meilleur caractère.

 Vingt-deux ans de tourments comptés avec douleur,
Devaient me présenter le pays en horreur,
Mais selon ma coutume, alors que l'on m'offense,
J'oppose le bien au mal pour unique défense ;
C'est pourquoi j'ai tenté d'indiquer ces abus
Pour qu'en les repoussant aucun ne nuise plus.
Maintenant il doit voir à quel point il importe
De bien justifier l'illustre nom qu'il porte.
Rien ne doit lui coûter, pour mettre la cité
A même d'arriver à la célébrité :
Abus à réformer, monument à refaire,
Caractère à refondre afin qu'il puisse plaire,
Déblaiements de quais, places à embellir,
Quartiers à redresser et qu'il faut assainir.
Après cette réforme offrant un bel ensemble,
L'on dirait qu'Orléans n'a rien qui lui ressemble ;
Et, goûtant mon projet, l'esprit le moins subtil
Voudra se joindre à moi pour dire : *Ainsi soit-il !!!*

 Eh bien ! charmante Muse, êtes-vous satisfaite ?
Je crois avoir rendu notre tâche parfaite :
Venons donc retrouver d'Etampes nos moutons,

Voulant nous reposer au mieux nous y serons;
Car, devant désormais rester inséparables,
Ceux qui m'ont bien reçu voudront vous être affables.
Vous devez le penser, quand vos touchants attraits
Savent vous attirer les cœurs les plus distraits;
Néanmoins en passant remarquez cette rue
Dont le nom seul indigne et répugne à ma vue;
Rue aux *Ours* on l'appelle, et quand je l'habitais
A ces noirs animaux parfois je ressemblais :
Blotti dans mon taudis qui formait ma tannière,
De larmes j'arrosais ma couche hospitalière,
Craignant d'y rencontrer le sournois léopard,
Et plus de sa femelle un menaçant regard.
Mais Pégase recule... Allons, ma douce amie,
Il nous demande à fuir, cédons à son envie.

FIN.

CHANSONS
DU MÊME AUTEUR,
Depuis sa rentrée à Étampes.

A MON FIDÈLE VERMEIL,
Dont la méchanceté humaine m'a privé.

Air : *du Chien fidèle.*

Mon bon Vermeil, ma seule compagnie
Pendant un temps de persécution,
Près de l'enfant d'une femme chérie
Qui me devait aide et protection ;
Adroitement venant lécher des larmes
Que la douleur ne savait retenir :
Tu sus parfois dissiper mes alarmes,
Mon pauvre chien ! qui donc t'a fait mourir ?

Dans Orléans où la Parque jalouse
Trancha les jours de celle que j'aimais,
Ton précédent, près du corps d'une épouse
Manifesta comme moi ses regrets ;
Sous son cercueil il prit place à la porte,
Pour n'en quitter qu'en la voyant partir.
Je te trouvais une ardeur aussi forte.
Mon pauvre chien ! qui donc t'a fait mourir ?

Il m'en souvient, au retour d'un voyage
Que j'entrepris non pour me divertir,

Mais pour chercher un trompeur héritage
Qui m'échappa quand je crus le tenir ;
Tu vins à moi dans l'état de souffrance
Où des méchants t'ont fait long-temps languir,
En abusant de ma funeste absence.
Mon pauvre chien ! qui donc t'a fait mourir ?

Contre l'orgueil d'une insigne Mégère,
Si je sentais mon cœur se soulever
De la maison fuyant la ménagère,
Je me hâtais bientôt de me sauver ;
Ne t'ayant plus dans ces courses maussades
Pour me distraire en te voyant bondir,
Je m'écriais durant mes promenades :
Mon pauvre chien ! qui donc t'a fait mourir ?

Mais si depuis j'abandonnai l'asile
Où de chagrins je semblais consumé,
Pour revenir dans le sein d'une ville
Dont l'habitant m'a toujours estimé,
Tu m'y fais faute, ô mon ami fidèle,
Seul au logis, si je ne puis sortir,
Ta perte alors me devient plus cruelle ;
Mon pauvre chien ! qui donc t'a fait mourir ?

LA SAINT-MARTIN.

Air : *Jeunes Amants, cueillez des fleurs.*

En l'honneur du grand Saint-Martin,
Suivant un usage ordinaire,

On vide maint tonneau de vin
En faisant partout grande chère;
Mais toutes ces libations
Au bon patron ne sauraient plaire,
Disant que ces profusions
Pourraient secourir la misère.

Martin Dragon et bon humain,
Selon ce que dit la chronique,
Remarque un jour en son chemin
D'un mendiant l'état critique;
Le pauvre diable était tout nu,
Martin saisit son cimeterre
Et bientôt son manteau fendu
Du pauvre couvre la misère.

Du faubourg plus d'un paroissien,
Ayant fait toilette complète,
Accourt pour chanter du latin
Dans le temple chômant la fête;
Mais moins humain que le patron,
Et, bien qu'il soit propriétaire,
Il dit ne pouvoir par un don
Porter secours à la misère.

MON RÉVEILLON DE 1839.

Air : *du Balayeur de* Béranger.

Réveillons,
Célébrons
Le jour où le monde
Se vit préservé

D'un arrêt contre lui lancé ,
 Un enfant
 Paraissant
Sur la boule ronde
 Vint , dit-on , parer
Le coup devant nous foudroyer.

Sans connaître le mystère
Qu'on ne saurait démêler ,
Nous disant que Dieu le Père
Souffrit son fils immoler ,
Convaincu de sa justice
Que dirige l'équité ,
Je doute d'un sacrifice
Que lui-même eût évité.
    Réveillons , etc.

C'est à vous que j'en appelle ,
Amis qui m'avez aidé ,
Dans une passe cruelle
Où le sort m'avait jeté
Sur un Dieu plein de clémence
Dont je connais la bonté ,
Comment vouloir que je pense
Qu'il eût telle cruauté ?
    Réveillons , etc.

Admirons donc la sagesse
D'un Dieu qui veut protéger ,
Dans la plus grande détresse ,
Celui qui le sait aimer ;

Pour moi, plein de confiance,
Je crois mes maux à leur fin,
Jugeant que la Providence
M'assure un plus doux destin.
  Réveillons, etc.

LES ROIS.

Air : *On nous dit que l' premier homme.*

On nous dit que sur le trône
Un Roi que souvent on prône,
Plus agité que le Rhône,
A le cœur tout en émoi ;
Pour en deviner la cause,
Il n'est besoin d'autre chose
Que de savoir que l'on ose
Dénigrer son nom de Roi.

Au sein d'une cour brillante,
S'il conçoit de l'épouvante,
C'est qu'il sait bien que l'on tente
De lui contester son droit ;
Ici tout marche sans crainte,
N'y connaissant pas la feinte,
Chacun prouve sans contrainte
Qu'il aime à fêter son Roi.

A ce Roi qu'on improvise
Exprimons avec franchise
Et sans crainte qu'on le grise,
Notre plaisir quand il boit ;

Mais si quelqu'un appréhende
De lui porter cette offrande,
Faisons-lui payer amende
En faveur de notre Roi.

Ayant le ton populaire,
Et nous traitant en vrai frère,
Nulle taxe financière
N'afflige qui que ce soit ;
Et si son humeur badine
L'amène à notre cuisine
Je doute que l'on devine
Qui d'entre nous est le Roi.

Si le règne est peu durable,
Il n'est pas moins agréable,
Puisqu'en quittant cette table,
Chacun retournant chez soi,
Satisfait de la journée,
Saura que par destinée
Il peut dans une autre année
A son tour devenir Roi.

www.ingramcontent.com/pod-product-compliance
Lightning Source LLC
LaVergne TN
LVHW020052090426
835510LV00040B/1661